BEI GRIN MACHT SICH IHR
WISSEN BEZAHLT

- Wir veröffentlichen Ihre Hausarbeit,
  Bachelor- und Masterarbeit

- Ihr eigenes eBook und Buch -
  weltweit in allen wichtigen Shops

- Verdienen Sie an jedem Verkauf

Jetzt bei www.GRIN.com hochladen
und kostenlos publizieren

Bibliografische Information der Deutschen Nationalbibliothek:

Die Deutsche Bibliothek verzeichnet diese Publikation in der Deutschen National-
bibliografie; detaillierte bibliografische Daten sind im Internet über http://dnb.d-
nb.de/ abrufbar.

Impressum:

Copyright © 2010 GRIN Verlag, Open Publishing GmbH
Druck und Bindung: Books on Demand GmbH, Norderstedt Germany
ISBN: 9783656902102

Dieses Buch bei GRIN:

http://www.grin.com/de/e-book/292850/kundinnen-und-kunden-betreuen-abschluss-
und-reflexion-einer-lernsituation

Claudia Küper

Kundinnen und Kunden betreuen. Abschluss und Reflexion einer Lernsituation

GRIN Verlag

GRIN - Your knowledge has value

Der GRIN Verlag publiziert seit 1998 wissenschaftliche Arbeiten von Studenten, Hochschullehrern und anderen Akademikern als eBook und gedrucktes Buch. Die Verlagswebsite www.grin.com ist die ideale Plattform zur Veröffentlichung von Hausarbeiten, Abschlussarbeiten, wissenschaftlichen Aufsätzen, Dissertationen und Fachbüchern.

Besuchen Sie uns im Internet:

http://www.grin.com/

http://www.facebook.com/grincom

http://www.twitter.com/grin_com

Unterrichtsskizze für den fünften Fachleiterbesuch in der beruflichen Fachrichtung Kosmetologie

Referendarin:	Claudia Küper
Ausbildungsschule:	
Fach:	Fachtheorie
Lernfeld:	LF 2: Kunden empfangen und betreuen
Lernsituation:	LS 2.2: „Telefonate, Empfang und Beratung von Kundinnen und Kunden"

Stundenthema

Abschluss und Reflexion der Lernsituation

Schulform:	Berufsschule
Klasse:	KFR I (Grundstufe Friseur/Friseurin)
Anzahl der Schülerinnen und Schüler:	
Raum:	
Datum:	
Uhrzeit:	
Fachleiterin:	
Fachlehrerin:	
Gast:	

1   Geplanter Unterrichtsverlauf

Phase	Inhalte	AF[1]/ SF	Methode/ Medien
	Beginn des Unterrichtsbesuches: 11.40 Uhr		
Einstieg	*Zu Beginn der Unterrichtsstunde sitzen die Lernenden bereits in einem Stuhl-kreis zusammen.*		
	• L begrüßt die Anwesenden. • L bittet die SuS, einem Lied zu lauschen und es auf sich wirken zu las-sen. • L spielt „Was wir alleine nicht schaffen" von Xavier Naidoo ab.	LV LA	CD-Player, CD „Was wir alleine nicht schaffen"
Intuitive Phase	• L: Wer kennt dieses Lied? Was ist die Hauptaussage dieses Songs? (*Was wir alleine nicht schaffen, das schaffen wir dann zusammen.*)	LSG	
Überleitung	• L erläutert den SuS, dass auch der Unterricht nur dann verbessert werden kann, wenn man gemeinsam daran arbeitet. • *Impuls:* Auch ich schaffe es nicht alleine und bin auf eure Unterstüt-zung und Mitarbeit angewiesen. Einerseits, was die Inhalte, anderer-seits die Gestaltung des Unterrichts betrifft. • L begibt sich aus dem Stuhlkreis und bittet die SuS, den Stuhlkreis zu öffnen.	LV LA	
Informations-phase	• L positioniert sich neben der Moderatorenwand, an der die Phasen der vollständigen Handlung befestigt sind. • L markiert die Phase „Reflexion" mit einem roten Pfeil und hält dadurch das Stundenthema fest: Reflexion der Lernsituation 2.2. • L informiert wiederholend kurz über die anderen Phasen der vollstän-digen Handlung. • L erläutert das weitere Vorgehen: Wir werden nun mittels verschiede-ner Methoden eine Reflexion durchführen, um die Lernsituation/den Unterricht/das Lehrerinnenverhalten zu analysieren und ggf zu verbes-sern.	LV LA SA	Moderatoren-wand, beschrif-tete Karten, roter Pfeil
Überleitung	• L bittet SuS, aufzustehen und sich an die bereits auf dem Boden befes-tigte sogenannte „Meinungslinie" zu stellen. • L erklärt Methode.	LV SA	Meinungslinie[2], Klebeband
Erarbeitung I	• L liest Fragen vor. • SuS positionieren sich (stimme ich zu – stimme ich nicht zu). • L interviewt ggf. SuS zu ihrer Position auf der Meinungslinie.	LA SA LSG	
Erarbeitung II	• L: Eine weitere Methode, um das Stimmungsbild der Klasse widerzu-spiegeln, ist die sogenannte Auswertungszielscheibe. • L erläutert Methode und zieht sich zurück (Wahrung der Anonymität). • L bereitet währenddessen die nächste Methode vor. • SuS punkten an der Moderatorenwand und setzen sich anschließend in den Stuhlkreis. • L dreht Moderatorenwand um, lässt Auswertung auf sich wirken und bittet ggf. um eine Wertung seitens der Lerngruppe.	LV LA SA LSG	Moderatoren-Wand, Plakat, Zielscheibe, Klebepunkte, Plakat, Tuch
Erarbeitung III	• L bittet SuS, den eigenen Lernprozess zu reflektieren. Was nehme ich mit? Was nehme ich besser nicht mit? • L erläutert Methode „Fischernetz und Teich". • SuS beschriften „Fische" und führen die Reflexion durch.	LV SA	Fischernetz und Teich[3], Plakat, Fische, Tuch, Stifte
Schluss	• L bedankt sich für die Mitarbeit und informiert die SuS über den weite-ren Stundenverlauf.	LV	
	Ende des Unterrichtsbesuches: 12.25 Uhr		
	In der Folgestunde geben sie SuS ein schriftliches Feedback ab und bewer-ten ihren eigenen Lernprozess.		

Flexibilität: Sollte die Zeit während der Erarbeitungsphase I zu weit fortgeschritten sein, punkten die SuS ab 12.25 auf einem

Arbeitsblatt (persönliche Auswertungszielscheibe).

---

[1] Abkürzungen: **AF**: Aktionsform, **L**: Lehrerin, **LA**: Lehrerinnenaktivität, **LSG**: Lehrerin-Schülerinnen-Schüler-Gespräch, **LV**: Lehrerinnenvortrag, **SA**: Schülerinnen- und Schüleraktivität, **SF**: Sozialform, **SuS**: Schülerinnen und Schüler.

[2] Siehe Anhang, S. IV.
[3] Siehe Anhang, S. IV.

1

Groblernziel

Die Schülerinnen und Schüler reflektieren und bewerten die Arbeitsweise innerhalb der Lernsituation.

Feinlernziele

Die Schülerinnen und Schüler

FLZ[4] 1: …	werden sich über die Notwendigkeit einer Reflexion bewusst. (HK-LK)
FLZ 2: …	reflektieren kritisch das Arbeitsverfahren innerhalb der Lernsituation, um Lernprozesse zukünftig effektiver zu gestalten. (HK-LK, HK-MK)
FLZ 3: …	erweitern ihre Methodenkompetenz. (HK-LK, HK-MK)
FLZ 4: …	beurteilen eigene Kenntnisstände und Positionen. (HK-LK, HK-KK)
FLZ 5: …	positionieren sich, nehmen das Meinungsbild der Mitschülerinnen und Mitschüler und ziehen daraus Schlüsse für das weitere Vorgehen. (HK-LK, SK-LK, HK-KK)

---

[4] Abkürzungen: **FLZ**: Feinlernziel, **HK**: Humankompetenz, **KK**: Kommunikative Kompetenz, **LK**: Lernkompetenz, **MK**: Methodenkompetenz, **SK**: Sozialkompetenz

3 Literaturverzeichnis

Eingeführtes Fachbuch: Attenberger, Adolf (Hrsg.): Fachkunde für Friseure. Grundlagen der Technologie der Haar- und Hautpflege. 3. Auflage, Neusäß 1998.

Ständige Konferenz der Kultusminister der Länder: Rahmenlehrplan für den Ausbildungsberuf Friseur/Friseurin. Beschluss der KMK vom 10.04.2008.

Thömmes, Arthur: Produktive Unterrichtseinstiege. 100 motivierende Methoden für die Sekundarstufen. Mühlheim an der Ruhr 2005, S. 60.

Internetquellen

http://www.kinderpolitik.de/methodendatenbank/funktionen/methode.php?ID=304 (05.02.2010)

http://www.schulbilder.org/fisch-t12298.jpg (05.02.2010)

www.member.uni-oldenburg.de/hilbert.meyer/.../Meinungslinie2.pdf (05.02.2010)

http://www.kreativzauber.com/grafiken/fisch-klein.jpg (05.02.2010)

http://www.kinderpolitik.de/methodendatenbank/funktionen/methode.php?ID=3 (05.02.2010)

http://www.goodschool.de/cms/front_content.php?idcatart=107&start=&view=upload%2Fbewertung%2Fbilder%2Fzielscheibe_evaluation_unterricht.jpg (05.02.2010)

4   Anhang

4.1	Formblatt der Lernsituation 2.2	Seite I
4.2	Struktur der Lernsituation	Seite II
4.3	Strukturierung der Moderatorenwand	Seite III
4.4	Methodenerläuterungen	Seite IV
4.5	Vorlagen für „Fischernetz und Teich"	Seite V
4.6	Vorlage Zielscheibe	Seite VII

3

Lernfeld 2	„ K u n d e n e m p f a n g e n u n d b e - t r e u e n "	Zeit: 40 Std.
Lernsituation 2.2	„Telefonate, Empfang und Beratung von Kundinnen und Kunden"	Zeit: ca. 23 Std.

Beschreibung der Lernsituation:

Die Erfüllung der Kundenansprüche stellt hohe Anforderungen an Sie bei Ihrer täglichen Arbeit im Salon. Nicht nur Ihr praktisches Können, sondern auch Ihre Persönlichkeit und Ihr Auftreten tragen erheblich zur Zufriedenheit Ihrer Kunden bei und sichern damit den wirtschaftlichen Erfolg des Betriebs.

Wichtiges Instrument bei der Betreuung und Beratung von Kunden ist die Anwendung bestimmter Gesprächstechniken, die Sie als Friseur/Friseurin sowohl beim Telefonat als auch beim persönlichen Kontakt im Salon beherrschen sollten. Um ihren beruflichen Alltag professionell meistern zu können, ist außerdem die Fähigkeit zur Optimierung von Betriebsabläufen einschließlich Terminplanung und –koordinierung unter Beachtung von Datenschutz und Datensicherheit ebenso gefordert wie der geschickte Umgang mit Reklamationen.

Um die alltäglichen Kommunikationssituationen im Salon erfolgreich zu bewältigen zu können, müssen Sie als Berufsanfänger die dafür erforderlichen Kompetenzen ausbilden und vor allem in den Bereichen Persönlichkeit, Kommunikation und Kundenumgang ein eigenes Profil entwickeln.

Ziel dieser Lernsituation ist es, dass Sie Kenntnisse und Fähigkeiten erwerben, die Sie befähigen, Kundinnen und Kunden personenorientiert und situationsgerecht vor, während und nach der Behandlung angemessen zu betreuen und zu beraten.

Aufgabenstellung/Handlungsprodukt:

1. Plakate
2. Rollenspiele

Um Kundinnen und Kunden im Salon serviceorientiert empfangen, betreuen und beraten zu können, ist es erforderlich, die Inhalte folgender Themen zu erarbeiten:

- **Betreuung der Kunden und Kundinnen am Telefon**:
  - o Das Telefon als besonderes Kommunikationsmedium
  - o Bedeutung der Gefühls- und Stimmungslage am Telefon
  - o Das erfolgreiche Telefonat – Tipps und Hilfestellungen
  - o Erstellung von Kundenkarteien und dabei den Datenschutz berücksichtigen
  - o Kennenlernen betrieblicher Abläufe
- **Der Kundenempfang**
  - o Phasen des Kundenempfangs
  - o Verbale und nonverbale Kommunikation
  - o Allgemein gültige Umgangsformen beim Kundenempfang – auch im Hinblick auf englisch sprechende Kunden und Kundinnen
- **Das Beratungsgespräch**
  - o Phasen des Beratungsgesprächs
  - o Unterschiedliche Frageformen
- **Der Umgang mit Reklamationen**
  - o Formulierungshilfen für die Abwicklung einer Kundenreklamation
  - o Tipps für den Umgang mit Reklamationen
  - o Beispielhafte Abwicklung einer Kundenreklamation

Ziele/Kompetenzen:

Die SuS...

- werden sich bewusst, dass sie bei allen Gesprächssituationen fach- und kundengerecht agieren müssen. (FK)
- entwickeln Standards zum Telefonieren und wenden diese an. (FK-KK, FK-MK)
- fertigen Kundenkarteien an und übertragen unter Berücksichtigung des Datenschutzes Kundendaten. (FK-MK)
- planen Terminvergaben und informieren sich über betriebliche Abläufe. (FK)
- wenden verschiedene Fragetechniken situationsgemäß an. (FK-KK, HK-KK)
- benennen unterschiedliche Phasen beim Kundenempfang und im Beratungsgespräch. (FK)
- erweitern ihren englischen Wortschatz. (FK-HK)
- planen Rollenspiele, führen diese durch und reflektieren sie. (FK-MK, FK-KK, HK-LK)
- sind in der Lage, angemessen auf Kundenreklamationen einzugehen. (FK-KK, SK-KK, HK-KK)
- erarbeiten Tipps für einen professionellen Umgang mit Kundenreklamationen.
- reflektieren ihren Arbeitsprozess. (HK-LK)

Fächerübergreifend mit: Deutsch/Kommunikation

Ergänzende Hinweise: Verknüpfung zu LF 1 „In Ausbildung und Beruf orientieren"

I

Struktur der Makrosequenz

Stunde/ Handlungs- phase	Stundenthema	Unterrichtsinhalte Die Schülerinnen und Schüler…	SF[5]/ AF	Methoden/ Medien
1. – 2. Stunde Informieren, Planen, Entscheiden	Vorstellung, Erfassung der LS 2.2	…erfassen die Problemstellung der dargestellten Situation. …planen das inhaltliche Vorgehen. …entwickeln Kriterienkataloge zur Bewertung der Handlungsprodukte (HP1= Plakate, HP2 = Rollenspiele). …legen Kriterien zur Plakatgestaltung/Visualisierung fest.	FU GA	Advance Organizer, Kartenabfrage Formblatt, Karten, Pinnwand
3. – 8. Stunde Ausführen	Telefonieren als besondere Form der Kommunikation	…erarbeiten je nach Themenschwerpunkt folgende Inhalte: • Das Telefon als besonderes Kommunikationsmedium • Die Bedeutung der Gefühls- und Stimmungslage am Telefon • Dass erfolgreiche Telefonat – Tipps und Hilfestellungen • Erfassung von Kundendateien und dabei den Datenschutz berücksichtigen • Kennenlernen betrieblicher Abläufe	PA GA	Rollenspiel, „Buddy-Book", Blitzlicht, Fachtexte, AB, Bücher
9. – 14. Stunde Ausführen	Worauf muss ich bei Empfang und Beratung von Kunden achten?	…erarbeiten je nach Themenschwerpunkt folgende Inhalte: • Phasen des Kundenempfangs • Verbale und nonverbale Kommunikation • Allgemein gültige Umgangsformen beim Kundenempfang – auch im Hinblick auf englisch sprechende Kundinnen und Kunden • Phasen des Beratungsgesprächs • Unterschiedliche Frageformen	PA GA EA GA PA	Plakate, Fachbücher, AB Rollenspiele, Plakate, Fachbücher, AB
15. – 22. Stunde Ausführen	Der professionelle Umgang mit Kundenreklamationen im Friseurberuf	…erarbeiten • unfaire Taktiken und unhöfliche Formulierungen, mit denen eine ernsthafte und sachbezogene Auseinandersetzung über die reklamierte Dienstleistung verhindert wird. • Formulierungshilfen für die Abwicklung einer Kundenreklamation. • eine Kompetenzliste für den angemessenen Umgang mit Reklamationen, • sprachlich und fachlich angemessene Abwicklungen von Kundenreklamationen und präsentieren diese in Form von Rollenspielen. …bewerten die Rollenspiele anhand der Kompetenzliste und der Formulierungshilfen.		Rollenspiel, Fachtexte, AB, Rollenkarten für die GA, Pinnwände, Stuhlkreis, Stafettenpräsentation
23. Stunde Reflektieren	Abschluss und Reflexion der Lernsituation	…siehe Verlaufsskizze		

---

[5] **Abkürzungen:** **AB**: Arbeitsblatt, **AF**: Aktionsform, **EA**: Einzelarbeit, **L**: Lehrerin, **LA**: Lehrerinnenaktivität, **LS**: Lernsituation, **LSG**: Lehrerin-Schülerinnen-Schüler-Gespräch, **LV**: Lehrerinnenvortrag, **PA**: Partnerarbeit, **SA**: Schülerinnen- und Schüleraktivität, **SF**: Sozialform, **SSG**: Schülerinnen-Schüler-Gespräch, **SuS**: Schülerinnen und Schüler

II

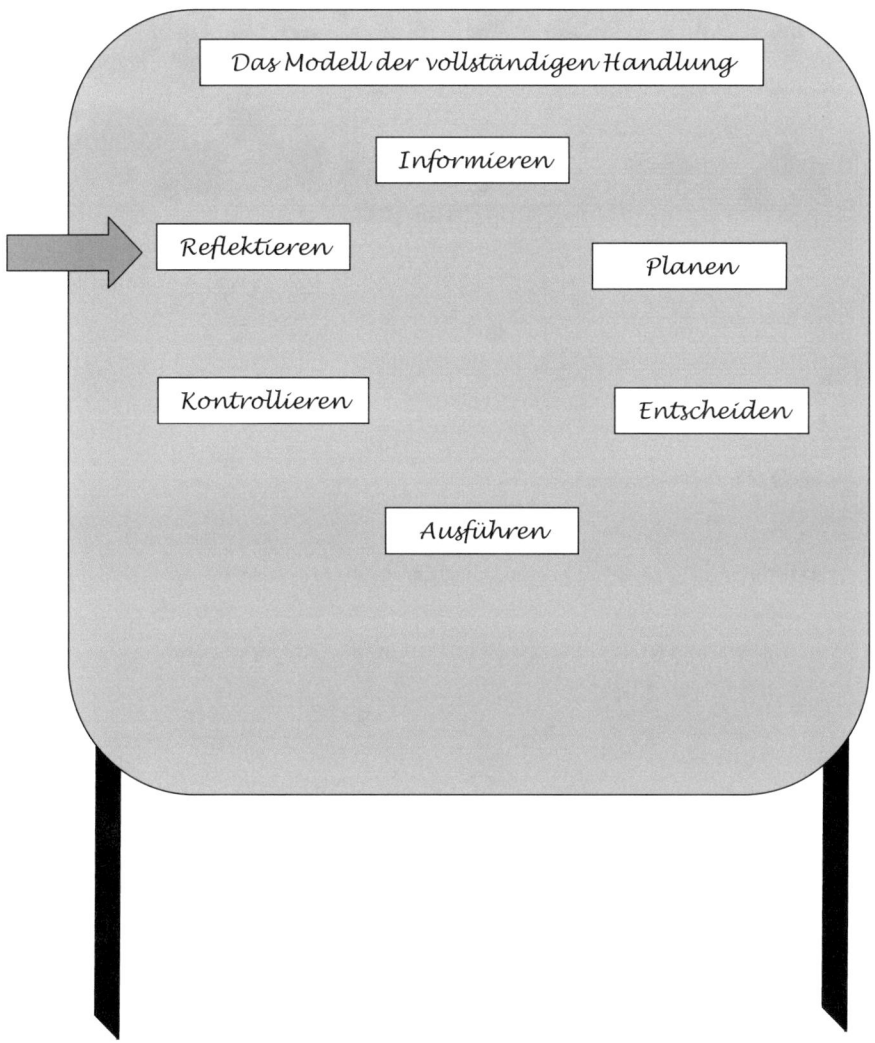

Methode „Meinungslinie"[6]

Kurzbeschreibung: Mit dieser Methode lässt sich ein Stimmungs- bzw. Meinungsbild der Klasse darstellen ohne lange Diskussionen führen zu müssen.[7]

Durchführung: Auf den Boden wird eine Linie geklebt (Klebeband). Ein Ende steht für „stimme ich zu", ein Ende für „stimme ich nicht zu". Die Lehrende formuliert Aussagen. Die Schülerinnen und Schüler können sich dann an die Stelle des Klebebandes, also der Meinungslinie, begeben, die ihrem Standpunkt entspricht. Die einzelnen Positionen können kurz begründet werden.

Methode „Fischernetz und Teich"[8]

Kurzbeschreibung: Feedback bzw. Evaluationsmethode, bei der Reaktionen auf vorbereitete „Fische" (siehe Kopiervorlagen) geschrieben werden. „Negative Fische" wandern symbolisch zurück in den Teich (dargestellt als ein Plakat), „Positive Fische" werden symbolisch mit dem Fischernetz eingefangen (dargestellt durch ein Tuch).

Durchführung: An jeden Lernenden werden zwei Kopiervorlagen mit Fischen verteilt. Die Referendarin bittet die Schülerinnen und Schüler auf einen Fisch etwas Positives (Was man aus dem Unterricht mitnimmt!) und auf einen anderen etwas Negatives (Was man aus dem Unterricht besser nicht mitnehmen möchte!) zu schreiben. Wie bei einem "Blitzlicht" werden die Äußerungen nicht kommentiert und bewertet.

---

[6] Vgl. Thömmes, 2005, S. 42
[7] Bildernachweis: www.member.uni-oldenburg.de/hilbert.meyer/.../Meinungslinie2.pdf
[8] Vgl. http://www.kinderpolitik.de/methodendatenbank/funktionen/methode.php?ID=304

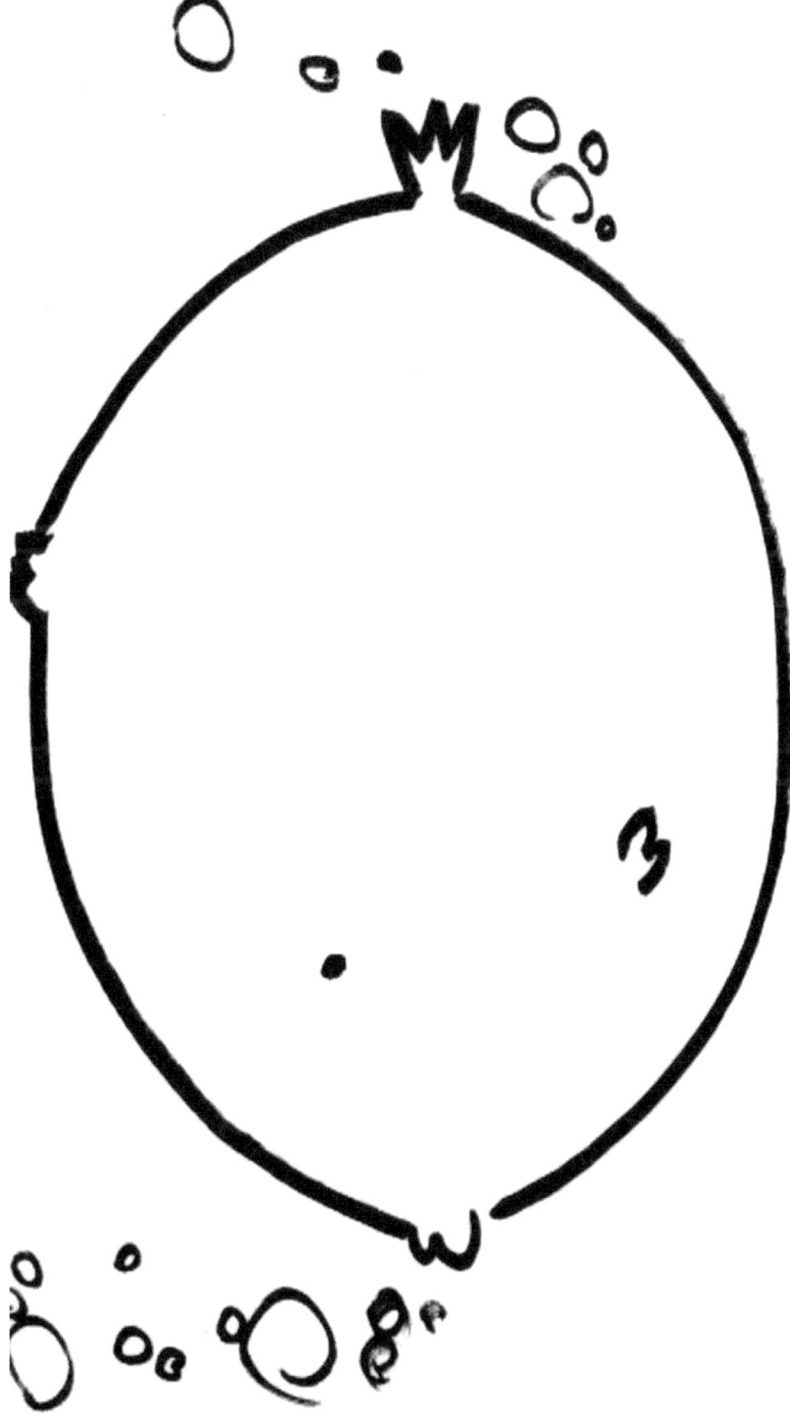

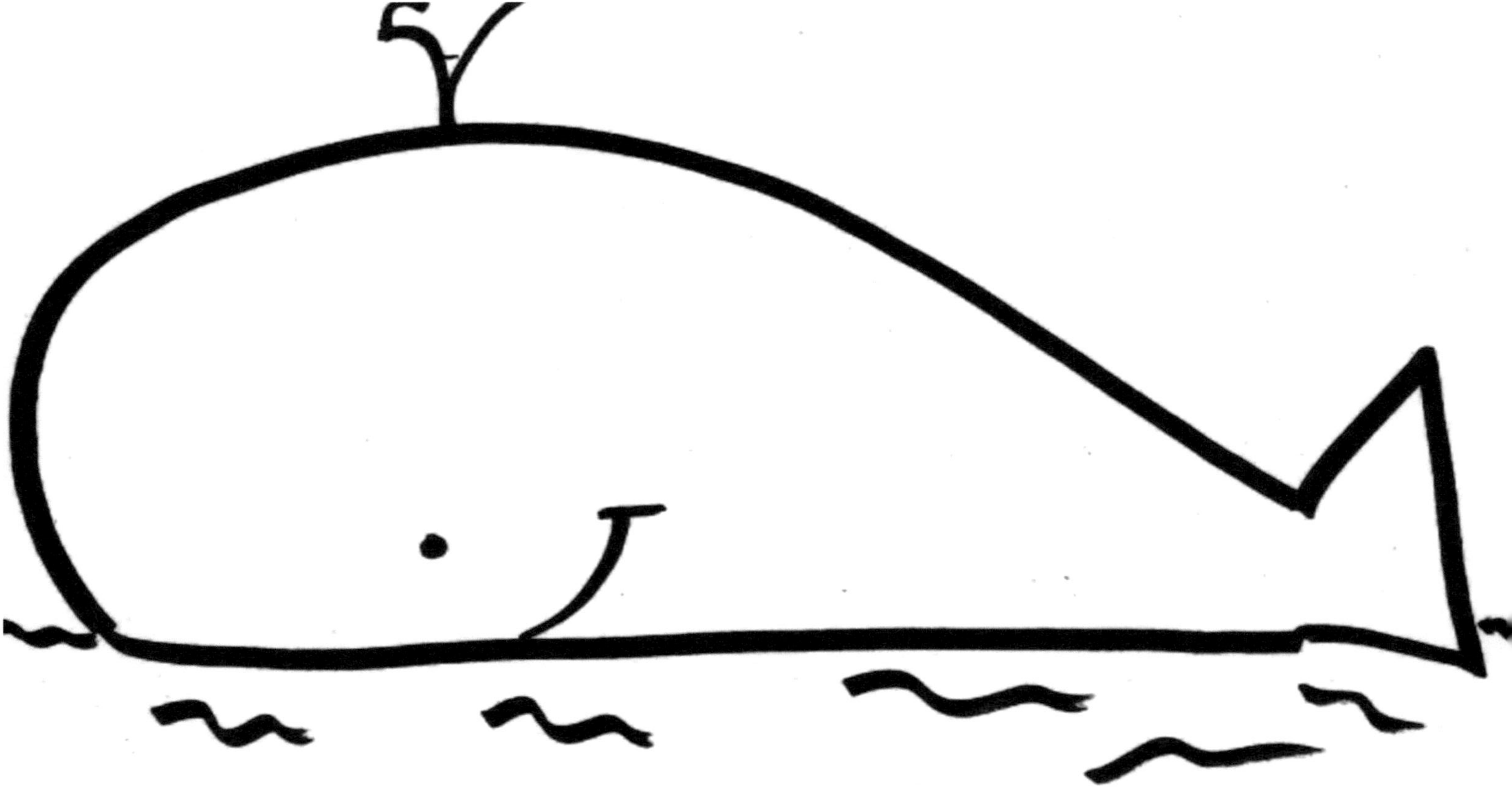

ZIELSCHEIBE⁹ DES UNTERRICHTS

Anmerkung: Zielscheibe wird auf ein Plakat gemalt und an eine Moderatorenwand geheftet. Als AB nur als didaktische Reserve.

(„Treffer" in der Mitte, „eher nicht" außen)

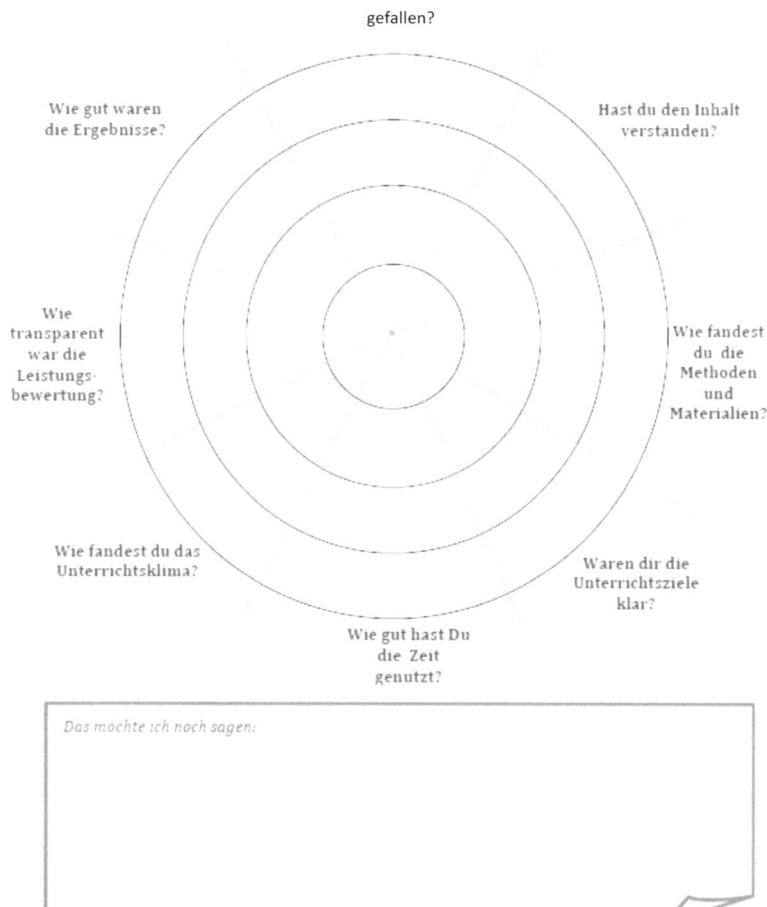

Hat dir die Umsetzung der Lernsituation gefallen?

Wie gut waren die Ergebnisse?

Hast du den Inhalt verstanden?

Wie transparent war die Leistungsbewertung?

Wie fandest du die Methoden und Materialien?

Wie fandest du das Unterrichtsklima?

Waren dir die Unterrichtsziele klar?

Wie gut hast Du die Zeit genutzt?

Das mochte ich noch sagen:

BEI GRIN MACHT SICH IHR WISSEN BEZAHLT

- Wir veröffentlichen Ihre Hausarbeit,
  Bachelor- und Masterarbeit

- Ihr eigenes eBook und Buch -
  weltweit in allen wichtigen Shops

- Verdienen Sie an jedem Verkauf

Jetzt bei www.GRIN.com hochladen
und kostenlos publizieren